DE LA

CHARTE PROVINCIALE.

IMPRIMERIE D'EBERHART,
Rue du Foin S.-Jacques, 12.

DE

LA CHARTE

PROVINCIALE;

PAR M. LE Cte DE TOCQUEVILLE,

Pair de France.

PARIS,

J. J. BLAISE, LIBRAIRE-ÉDITEUR,

Rue Féron S.-Sulpice, 24.

15 Février 1829.

CHARTE PROVINCIALE.

Appelé par l'ordre du Roi à faire partie de la commission qui a préparé les Lois Municipales et Départementales, j'ai dû garder le silence tant que ces lois n'ont pas été portées aux Chambres, et livrées à l'examen du public. Je ne prends la plume ni pour les défendre ni pour les condamner. Ma participation au travail de leur rédaction m'interdit la louange ou le blâme. Mon seul but est d'établir nettement quelques principes dont l'adoption me semble devoir opérer le rapprochement des gens de bonne foi. J'avouerai que mes idées ont été plusieurs fois modifiées par celles de mes honorables et savans collègues; et, comme nous cherchions la vérité avec loyauté et franchise, nous nous sommes trouvés d'accord sur la plupart des bases de notre ouvrage. Actuellement qu'il est terminé et que le silence n'est plus un devoir, je ne craindrai pas d'énoncer les idées sur lesquelles ma conviction s'est établie.

La première question qui se présentait naturellement était celle de l'opportunité d'une loi municipale et départementale. Les esprits ont-ils assez de calme, sont-ils assez dégagés de toute passion pour discuter avec une suffisante maturité une loi qui a tous les caractères d'une Charte, puisqu'elle embrasse les intérêts de la société toute entière ? Et n'est-il pas à craindre que les personnes qui appartiennent à des opinions opposées ne se livrent un peu trop dans cette discussion aux idées exclusives que le temps n'a pu encore modifier ?

Mais en supposant que les circonstances actuelles ne fussent pas les plus favorables à la rédaction d'un code fondamental, il resterait à examiner si l'état de l'opinion publique, et les paroles du Roi solemnellement prononcées permettaient d'en ajourner encore la présentation. De toute part on réclamait des modifications à l'ordre établi, et ces réclamations s'appuyaient sur des motifs qui n'étaient pas dénués de force.

Deux conditions sont nécessaires, disait-on, pour qu'un peuple soit légalement constitué : la première, qu'il ait une constitution politique et une constitution administrative ; la seconde, que ces deux constitutions dérivent de principes identiques qui se prêtent dans leur action réciproque un mutuel appui.

La Charte, octroyée par le Souverain, a remplacé par de nouvelles institutions politiques celles qui ne pouvaient s'accorder avec les libertés publiques qu'elle consacre. Mais elle a laissé subsister près d'elle une constitution administrative rédigée suivant les besoins du gouvernement absolu. Cette contradiction, d'autant plus sentie qu'on a mieux compris le gouvernement constitutionnel, a produit une sorte de malaise, et la confiance du peuple dans la stabilité de ses institutions s'est affaiblie parce qu'on n'apercevait pas entre elles l'accord qui en garantit la durée.

D'autres considérations, ajoute-t-on, viennent aussi à l'appui de celles qui précèdent. Elles dérivent de la nécessité de rendre plus sûre et plus facile la marche du gouvernement constitutionnel. Pour les développer il faut d'abord poser deux axiômes.

Les gouvernemens libres sont d'autant plus forts que l'élite des citoyens, dans toutes les nuances d'opinions, prend plus de part aux affaires publiques.

Les gouvernemens libres sont d'autant plus tranquilles que les ambitions trouvent mieux à se satisfaire dans la sphère d'activité où elles sont placées et qu'elles ont moins d'intérêt à en sortir.

La première de ces maximes ne trouve pas assez son application dans la société française. On a toujours lieu de craindre que l'équilibre entre les partis ne soit rompu, et que, devenus dominans faute de contrepoids, ils ne se montrent bientôt tyranniques. Si les hommes d'une opinion se groupent pour parvenir, les autres s'isolent, n'ont point de centre d'action, et se retirent découragés. Ils prennent l'inertie pour de la résistance: parce que les habitudes constitutionnelles ne leur sont pas assez familières, ils ne peuvent s'accoutumer à se servir des mêmes armes que leurs adversaires, et à employer, pour la défense, les moyens dont la loi n'interdit pas l'usage pour l'attaque : les lois municipales changeront cette disposition. Les propriétaires ayant des intérêts présents à soutenir dans les corps provinciaux, seront jaloux d'en faire partie; ils sentiront que ces mêmes intérêts leur commandent de se réunir pour tendre au même but, celui de ne pas laisser le conseil municipal ou provincial à la disposition absolue de personnes d'une opinion opposée. Cette émulation développera le désir d'occuper les fonctions publiques, et on s'attachera d'autant plus aux institutions qu'on ne tardera pas à s'apercevoir qu'en travaillant pour elles , on travaille pour soi-même , et qu'on en obtient du crédit et de la considération.

Nous arrivons naturellement au développement de la seconde maxime. Les propriétaires ayant intérêt à faire partie des corps provinciaux, résideront davantage dans les provinces, et chercheront à mériter par des services rendus au pays les suffrages de leurs concitoyens. Il ne sera plus nécessaire d'aller au loin chercher du crédit et de la considération, et les prétentions dont le corps politique est actuellement surchargé, trouveront près d'elles des carrières ouvertes.

Les institutions doivent toujours tendre à remplacer le désir d'une élévation absolue par celui d'une élévation relative, mise à la portée d'un plus grand nombre; et l'état sera d'autant mieux réglé que les ambitions restreintes dans un cercle moins étendu , y seront cependant satisfaites.

Ces considérations paraissent avoir constamment frappé les assemblées délibérantes qui se sont succédé depuis la restauration. A chaque session, elles ont sollicité une loi municipale en harmonie avec la Charte. Ce vœu a été entendu par la Couronne; elle vient de présenter un code provincial complet. Toute discussion préjudicielle serait actuellement sans objet Il

ne s'agit plus que de chercher si ses dispositions sont en rapport avec nos lois constitu-
tives, les mœurs de la nation et la situation
politique du pays.

Des bases de la Charte Provinciale.

Toute organisation administrative doit trou-
ver ses bases dans la Charte politique. Cette
Charte admet deux divisions, savoir : l'action
et la délibération. Ce qui est action est du domaine du pouvoir exécutif, et ressort exclusivement du Roi ; ce qui est relatif à la délibération appartient à des corps électifs dont
les actes ne peuvent cependant être validés que
par l'intervention du Roi ; le même principe
doit dominer dans la Charte Provinciale. Tout
ce qui y tient à l'action émanera de la Couronne, et la délibération sera confiée à des
corps dont les résolutions n'auront de force
qu'après avoir reçu l'approbation du Roi ou
des magistrats délégués par lui à cet effet. Mais
il se pourrait que ces corps fussent organisés
de telle sorte, qu'outre la délibération, ils
fussent encore chargés d'une partie de l'action

administrative : leur composition aurait lieu alors d'une manière mixte : par voie d'élection et par voie de nomination ; c'est-à-dire, que dans cette hypothèse, le Roi choisirait parmi un certain nombre de candidats que l'élection lui aurait soumis.

La seconde base que la Charte provinciale trouvera dans la Charte politique, est celle de la contribution nécessaire, soit pour élire, soit pour être élu. Il n'est pas difficile de démontrer qu'elle est conforme à la raison, et que la situation du pays commande de l'adopter.

Le premier motif qui se présente sera facilement apprécié. Tout le monde conçoit que les intérêts du peuple doivent être d'autant mieux défendus, que les personnes appelées à les régler supportent une part plus considérable dans la charge commune ; mais le raisonnement emprunte surtout sa force des exemples que la fin du siècle dernier nous a laissés.

Nous n'avons pas oublié que le pouvoir populaire, spontanément développé, renversa les faibles digues qui lui avaient été opposées. Le trône disparut. Une hideuse tyrannie remplaça l'anarchie, et fut remplacée elle-même par le despotisme militaire. L'arbitraire fut partout, la liberté sembla exilée sans retour.

Lorsque la famille de nos rois nous fut rendue, elle trouva une nation où les supériorités de toute espèce avaient été détruites et les rangs confondus ; le peuple n'avait conservé des souvenirs de la liberté qu'un grand éloignement pour tout ce qui avait été au-dessus de lui ; et au milieu de la masse de ce peuple, il n'existait aucun pouvoir intermédiaire pour le contenir. On reconnut d'abord que la couronne devait être puissante, non pour son propre intérêt, mais pour l'intérêt du pays. Toute la force de l'administration lui fut confiée. Cependant cette force elle-même, obligée de lutter continuellement contre la multitude, aurait été encore insuffisante si l'action démocratique n'avait été restreinte dans des limites plus étroites. L'aristocratie ne pouvait entrer dans la composition de l'ordre social comme pouvoir modérateur ; car cet élément des gouvernemens mixtes n'existe point lorsque l'égalité des partages produit continuellement la division des fortunes, et s'oppose à la formation de patronages durables. Il fallut donc le chercher dans la portion la plus élevée de la démocratie elle-même. Ce nouveau pouvoir, dont les élémens sont mobiles et changeans, ne peut avoir sans doute ni la marche fixe et assurée de l'aristocratie, ni son influence durable et profonde ; mais agissant à la manière de la démo-

cratie sans en avoir la fougue, il assure l'existence des libertés publiques.

Il fut d'abord établi en principe que le peuple n'aurait jamais d'action directe, et que ses
intérêts seraient réglés par les personnes que
la loi aurait désignées pour le représenter.
Tel est l'esprit de la Charte politique. Il y aurait désaccord complet si tel n'était pas l'esprit
de la Charte Provinciale; car la force démocratique restreinte, quant aux institutions politiques, pénétrerait bientôt par les institutions
administratives; et ces institutions populaires,
devenues rivales des premières, entraîneraient
par leur agitation et leur mouvement l'opinion, les hommes et les choses.

Le mode qui se présenta le plus naturellement pour fixer les sommités de la démocratie, où devait résider le pouvoir d'élire et
d'être élu, fut la quotité de contributions
payées. La Charte décida que le droit d'élection
dépendrait d'un cens déterminé au-dessous
duquel on ne serait ni électeur ni éligible.
Mais ce principe tout réglémentaire pourrait,
sans déroger à la cohésion qui doit exister
entre nos lois, être appliqué d'une autre manière dans l'organisation administrative. Le
cens est une base en même temps fixe et inégale; fixe, en ce qu'elle ne se plie pas aux
variations des fortunes particulières suivant

les lieux; inégale, à cause de sa fixité même; puisqu'à population semblable, le nombre qu'elle produit sera différent. Je crois qu'une autre base, celle des plus imposés, serait convenablement appliquée aux corps provinciaux dont les élémens ont une mobilité relative. Car plus le pays sera riche, plus il y aura de plus imposés et réciproquement; et la supériorité qu'on recherche se trouvera, dans un pays pauvre, par une cote médiocre d'impositions, de même que, dans un pays riche, par une cote élevée. Il paraît donc juste de ne pas restreindre dans un cens déterminé la faculté d'élire et d'être élu, puisqu'elle peut dépendre d'une condition qui est réciproquement la même, quoiqu'exprimée dans divers lieux par une formule différente.

La Charte Provinciale devra être divisée en deux parties, la loi municipale et la loi départementale.

LOI MUNICIPALE.

Organisation du Corps délibérant, appelé Conseil Municipal.

La Commune est une association dont les membres sont réunis par une communauté d'habitations et d'intérêts.

La Commune rurale est un individu collectif, qui semble avoir été formé avec le temps par le développement d'une même famille ou par une aggrégation d'hommes agissant les uns à l'égard des autres comme les membres d'une même famille.

La Commune urbaine a aussi pour origine l'aggrégation de famille, augmentée des personnes attirées par leur industrie pour les besoins d'une réunion nombreuse ; et aussi des personnes que leurs talens rendent propres au service de la communauté dans divers genres.

Les intérêts des Communes rurales se rattachent tous à la propriété ; ceux des communes urbaines se lient à la propriété, à l'industrie, à la science.

Dans les villes comme dans les campagnes, ces intérêts sont distincts, spéciaux à la communauté, et sauf la tutelle du Roi, ils sont indépendans. La Commune, comme l'individu, possède des biens, les régit, et, sous certaines conditions, achète, vend, échange. Elle a des charges indivises auxquelles chaque membre de la communauté doit personnellement contribuer, lorsque les revenus de sa propriété ne peuvent y suffire.

Mais cet individu qu'on appelle Commune, est complexe ; ses parties sont trop nombreuses pour qu'il puisse de lui-même gérer ses propres affaires : il les remettra donc à un conseil, qui en son nom sera chargé de les discuter. Ce conseil sera son représentant pour tous les objets qui s'attachent à ces intérêts. Sa mission spéciale sera la discussion et la délibération, et comme il ne devra jamais participer à l'exécution, sa composition pourra émaner de la personne qu'il représente, c'est-à-dire de la communauté même.

Comment sera composé le Conseil Municipal des Communes rurales.

Sous l'ancienne monarchie, les Communes rurales étaient représentées par les chefs de famille réunis à la porte de l'église, à l'issue de l'office divin. Un syndic était chargé de donner suite à leurs délibérations. On voit qu'alors les fonctions de syndic se bornaient à veiller à certains intérêts de la communauté, suivant les décisions prises par la communauté elle-même. Ils étaient en général peu compliqués, et ne répondaient point à l'idée qu'on a attachée depuis au mot administration. Les édifices communaux appartenaient souvent aux seigneurs, qui étaient obligés de les entretenir, ou ils étaient à la charge de la fabrique et de l'ecclésiastique qui recevaient les dîmes. Les lois nouvelles ayant créé aux communes rurales des intérêts plus étendus, on sentit en même temps la nécessité de donner plus de maturité aux délibérations, et on décida que les affaires des Communes seraient discutées par un conseil au lieu d'être traitées par l'universalité des citoyens. Ce conseil fut d'abord nommé par les habitans, et il suffisait de payer dix journées de travail pour être éligible. La loi de pluviôse an VIII ôta aux habitans le droit d'élection, et donna aux préfets la nomination des membres des conseils municipaux. La Constitution de l'an III avait été plus loin, elle avait supprimé les conseils municipaux, et les avait remplacés par une assemblée au chef-lieu du canton composée d'un agent de chaque Commune. Ces divers systêmes doivent disparaître devant les principes consacrés par la Charte. La Commune a des intérêts à discuter, un conseil les discute en son nom : il ne la représentera plus, si ses membres, au lieu d'être nommés par elle, sont choisis par le préfet sur la proposition du maire, c'est-à-dire par les agens d'exécution. Les conseillers municipaux seraient alors les hommes de ces agens, et non ceux de la Commune. Il y aurait confusion entre l'exécution et la délibération, et ce que la Charte a soigneusement distingué, se trouverait réuni par le fait.

La Commune serait bien moins représentée encore par une assemblée cantonale. Le préfet ne peut composer un conseil municipal que de citoyens appartenant à la Commune, et qui lui sont attachés, ne fût-ce que par leur habitation. Sous la constitution de l'an iii, chaque commune n'ayant qu'un délégué dans le conseil cantonnal, ses affaires se trouvaient réglées en définitive par des membres des

communautés voisines , qui non-seulement y
étaient totalement étrangers , mais qui avaient
même quelquefois des intérêts opposés. Ces
étrangers avaient reçu la faculté de décider
sur des objets qui ne les concernaient pas, et
de pourvoir à des charges qu'ils ne partageaient
pas ; c'était anéantir la Commune , dissoudre
la famille , et blesser tous les sentimens qui
attachent les hommes à la prospérité du lieu
qui les a vus naître.

La loi municipale n'appellera point tous
les habitans à nommer les membres de leur
conseil, parce que la Charte exclut l'intervention des masses, et n'admet qu'une re-
présentation de la totalité par quelques-uns ;
elle n'accorde le droit d'élire et d'être élu ,
qu'à celui qui par la quotité de contribution
qu'il paie, est supposé posséder une certaine
quantité de propriétés. Les conseillers municipaux des Communes seront donc choisis
parmi les plus imposés, par une assemblée
de notables formée elle-même des plus imposés suivant une proportion fixée par la loi.
Ainsi sera établi l'accord entre les institutions
municipales et la charte politique; elles seront
régies par le même esprit et les intérêts divers
dans tous les degrés de l'organisation sociale
confiés aux personnes à qui il importe le plus
de les ménager.

2*

De la composition des Conseils Municipaux des Villes.

Les principes de la Charte ne sont pas moins applicables à la composition des conseils municipaux des Communes urbaines, mais avec les modifications qui résultent de la différence qui existe entre leurs élémens primitifs, et ceux des Communes rurales. Deux notabilités d'une autre espèce seront appelées à y concourir : celle de l'industrie, et celle qui appartient à la science et aux lumières. Les hommes qui font partie de ces deux notabilités, tiennent un rang élevé dans la famille communale, et comme l'étendue des charges qu'ils supportent est proportionnée à leur position sociale, il est juste que leurs intérêts soient représentés au conseil municipal. Leur participation n'a rien de contraire au pacte fondamental, car l'esprit de la Charte est d'intéresser à la chose publique tous les hommes que leurs lumières appellent à exercer une certaine influence locale.

Si l'auteur de la Charte n'a cru devoir prendre pour mesure de cette influence que la propriété seule, lorsqu'il a fixé les droits relatifs au réglement des intérêts généraux, c'est qu'il a pensé qu'elle donnait la meilleure garantie de la stabilité. Ayant tout à craindre des troubles civils, l'esprit de conservation lui appartient éminemment, et cet esprit, agissant sur l'ensemble des affaires, assure la durée des institutions et la sûreté des citoyens.

Le même principe peut sans danger recevoir quelqu'extension , lorsqu'il s'agit de la composition des Conseils municipaux des villes. Ici l'intérêt local, circonscrit dans un cercle d'objets invariables, n'a pas besoin de précautions aussi grandes pour se défendre des innovations. Il ne s'agit plus des affaires d'une grande nation qui peuvent être envisagés d'une manière différente, suivant les divers systèmes qui partagent la société et les passions qui agitent les partis, mais de celles d'une communauté distincte, peu étendue, qui existe comme la famille et dont la conservation importe à tous les intérêts personnels qui lui sont plus ou moins liés. Il n'y a donc aucun inconvénient à admettre, dans la représention communale, toutes les notabilités de quelque genre qu'elles soient, et à donner ainsi un aliment à toutes les ambitions raisonnables.

La notabilité industrielle sera naturellement désignée par l'impôt qui lui est propre. Quant à celle qui dérive de la science et des fonctions qui donnent une garantie des lumières acquises, la loi en fixera les conditions.

Des Attributions des Conseils Municipaux et de l'intervention Royale, sous le rapport de leur action et de leur discipline.

Nous avons vu que la Charte avait distingué soigneusement la délibération et l'exécution. Les conseils municipaux délibéreront sur les intérêts de la Commune ; mais ils ne pourront participer à l'exécution de ces délibérations qui sera exclusivement confiée au maire. Elles embrasseront d'ailleurs tous les objets relatifs à l'administration de la Commune. Les recettes seront reconnues et les dépenses réglées par le conseil municipal ; il entendra le compte de leur emploi que le Maire lui rendra comme ordonnateur, et le Receveur comme comptable. Il votera les supplémens de recette connus sous le nom de contributions extraordinaires ; les emprunts, les aliénations, les échanges. Il votera aussi sur le mode de jouissance des biens communaux, sur les ventes de bois, sur le partage de l'affouage ;

toutes les améliorations dont la Commune est susceptible feront partie de ses discussions, et aucun des moyens d'augmenter sa prospérité ne lui restera étranger.

Mais il ne suffira pas seulement qu'une délibération ait été prise pour qu'elle devienne exécutoire, il faudra encore qu'elle ait été préalablement approuvée par le pouvoir royal. Ce principe a besoin de développemens.

L'intervention royale est fondée sur l'esprit de la Charte, sur l'intérêt de l'État, sur celui des Communes et sur des usages immémoriaux.

Lorsqu'elle s'exerce au profit de l'État, le Roi agit en sa qualité de souverain. Mais c'est comme tuteur que son autorité se fait sentir dans le règlement des affaires communales. Je vais développer d'abord la raison et l'utilité de cette haute tutelle; le motif qui la justifie est facile à saisir. La commune est à la vérité propriétaire, mais le bien de cet individu collectif n'appartient pas seulement aux personnes qui composent actuellement la communauté; il doit servir au même titre à l'avantage des générations qui doivent suivre, et dès-lors il ne peut lui être permis de le changer, de l'aliéner ou d'en diminuer la valeur sans de justes causes dont l'autorité tutélaire est juge.

Le conseil municipal peut ne pas faire assez : il peut faire assez : il peut faire trop.

Il ne fait pas assez lorsqu'il refuse ou néglige de pourvoir aux moyens de payer ses dettes ou d'acquitter ses dépenses obligées. Dans cette supposition le pouvoir royal, gardien de l'honneur des Communes, et d'où émane toute justice, ordonne, et les charges obligées sont portées, s'il le faut, d'office sur le Budget.

Le conseil municipal fait assez lorsqu'il applique les ressources de la Commune ou à ses engagemens ou à des objets utiles qui doivent augmenter son bien-être actuel ou sa prospérité future. Alors le pouvoir royal approuve et sanctionne.

Le conseil municipal fait trop lorsque les ressources communales sont employées à des générosités sans motif, à des entreprises de luxe et en général à des dépenses dont l'utilité n'est pas justifiée ; dans cette supposition le pouvoir royal défend.

Il peut arriver non seulement que les dépenses ne soient pas suffisamment justifiées, mais encore que les moyens de les acquitter soient calculés d'une façon onéreuse pour la Commune; que le conseil municipal veuille y pourvoir ou par des contributions extraordinaires qui grèveraient les contribuables, ou par des emprunts ou des aliénations, et que l'avenir soit ainsi sacrifié aux besoins présens.

C'est ici surtout que la haute tutelle du Roi intervient pour empêcher que la communauté ne soit obérée ou dépouillée, et le bien communal dilapidé par des combinaisons fausses et ruineuses. Le Roi juge si les besoins sont de nature à exiger les ressources extraordinaires qu'on veut y appliquer, si une sage et prudente économie ne suffirait pas pour y pourvoir. Il autorise, restreint ou refuse, et assure par sa sagesse aux générations qui suivront la jouissance des avantages communaux que l'imprudence, la légèreté, ou la cupidité allaient leur faire perdre.

Enfin, le corps municipal peut être entraîné par des conseils peu éclairés, ou par le crédit d'un homme puissant, à des transactions contraires à l'intérêt de la Commune. Le Roi examine, reconnaît l'erreur ou la fraude, et refuse son autorisation.

Dans toutes les circonstances que je viens de désigner l'intervention de la tutelle royale est nécessaire ; et comme les délibérations des conseils municipaux n'embrassent point d'autres objets , nous avons , ce me semble , complété la preuve du principe que toute délibération d'un conseil municipal ne peut devenir exécutoire qu'après son approbation par le pouvoir royal.

Il nous reste à montrer que ce principe est aussi dans l'esprit de la Charte.

Si on considère en effet comment agit le pouvoir royal dans l'ordre politique, on voit qu'il propose la loi, qu'il participe à sa discussion par l'organe des commissaires qu'il délègue, et qu'ensuite il en autorise l'exécution par sa sanction ou l'arrête par son refus.

On ne concevrait pas que ses prérogatives fussent moindres dans l'ordre administratif.

Mais, dira-t-on, dans l'ordre politique, le Roi propose , autorise ou empêche ; dans l'ordre administratif , il ne propose pas , il autorise, il empêche, et de plus , il ordonne.

Il doit en être ainsi pour que la justice soit maintenue ; car si nous admettons comme certain que les délégués de la nation entière ne refuseront jamais de satisfaire à ses engagemens, nous devons reconnaître que des con-

sidérations moins élévées, l'esprit de coterie
et les passions locales produiraient souvent
des refus, qui, dans certains cas, blesseraient
l'équité, et dans d'autres, rendraient l'administration impossible. Les exemples en sont
nombreux.

Si la délibération d'un conseil municipal
n'est pas seulement imprudente, si elle paraît
encore blâmable, dangereuse pour l'ordre général, coupable même, alors le Roi intervient,
non comme tuteur, mais comme souverain.
Nous prouverons facilement que cette dernière
intervention a toujours existé, qu'elle a agi
avec d'autant plus de force que les intérêts de
localité ont dû se mêler moins directement
aux intérêts généraux, qu'on doit la regarder
comme une nécessité de la monarchie représentative, et qu'elle est dans l'esprit de la
Charte qui nous régit.

Lorsque les Communes qui existaient dans
les Gaules et dont les Rois de la première race
avaient respecté les privilèges, eurent suc-
combé sous la puissance des seigneurs féodaux, ce furent les Rois qui les rétablirent
successivement, et leur autorité à cet égard a
toujours été si bien reconnue que les communes affranchies par les seigneurs ou qui

secouaient d'elles - mêmes le joug , ne se croyaient solidement et légalement constituées qu'après avoir reçu une Charte de la munificence du Roi. Ces Chartes ont été modifiées, retirées et recréées par des ordonnances de nos Rois, suivant les temps et les besoins du pays. Lorsque le peuple eut à gémir sous le pouvoir oppressif des seigneurs féodaux, les Rois instituèrent des Communes libres et leur donnèrent des prérogatives assez étendues pour qu'elles pussent servir de frein à la barbarie. Les grandes Communes formaient alors des espèces de républiques. Il était convenable en effet , que, dans un ensemble composé de parties sans liaison, l'institution libre fût placée à côté de l'institution tyrannique pour lui servir de contre-poids. Mais à mesure que l'autorité royale s'étendit , l'extrême liberté accordée à certaines agglomérations d'habitans dut être restreinte, afin que la puissance publique pût s'exercer d'une manière uniforme, et ne fût point entravée par des actions excentriques. Les Rois diminuèrent donc successivement les priviléges des Communes.

Il est évident que moins il existera de cohésion entre les parties d'un même empire, plus les Communes pourront être libres, et réciproquement que plus le Gouvernement sera homogène et étendra d'une manière régulière son action du centre aux extrémités , moins il souffrira que cette action soit entravée par les priviléges de Communes. Le gouvernement représentatif établit plus qu'aucun autre ce pouvoir central (1), puisque l'intérêt général et ceux de localité qui s'y trouvent liés sont représentés dans les Chambres. Les corps provinciaux sont bornés au réglement des intérêts spéciaux de la fraction de pays où ils sont placés. Il importe que la Couronne les empêche de sortir de cette limite et ne souffre pas que les Communes cherchent leur prospérité particulière en dehors de la prospérité générale. Gardienne des prérogatives des pouvoirs politiques, elle ne saurait permettre que la hiérarchie des corps délibérans cesse d'être maintenue et

---

(1) Je n'ai pas besoin de dire qu'en parlant du Gouvernement centralisé, je ne prends point la défense de la centralisation dans l'acception qu'on donne à ce mot. Cette centralisation consiste à évoquer à Paris et à régler dans les Bureaux des Ministères une foule d'affaires qui pourraient être laissées à la décision des Autorités locales. Je trouve qu'on lui a donné une extension trop grande. Mais ce n'est pas de cette question qu'il s'agit ici. Je demande que l'action de la Couronne sur les Corps Provinciaux se fasse toujours sentir, soit que le Roi l'exerce directement, soit qu'il la confie à des Fonctionnaires nommés par lui.

que l'unité du gouvernement se trouve compromise. Il faut donc que l'intervention du pouvoir royal s'exerce continuellement , et qu'il agisse d'une manière souveraine, c'est-à-dire qu'il approuve, qu'il défende, qu'il ordonne.

Le Roi, pour tenir les Communes dans un état constant de subordination , et les empêcher de pénétrer dans le domaine des intérêts généraux, doit avoir à sa disposition des moyens de discipline. Je procéderai à cet égard comme je l'ai fait jusqu'à présent, par la comparaison de la Charte politique et de la Charte provinciale, et l'examen des rapports qui doivent exister entre elles pour qu'elles se trouvent en harmonie.

Les moyens de discipline seront préventifs ou répressifs.

Les moyens préventifs consistent dans l'admission au sein du conseil de l'agent du pouvoir exécutif, c'est-à-dire du maire. Dans l'ordre politique, où la souveraineté législative est partagée en trois branches, les commissaires du Roi assistent aux délibérations et y prennent part; dans l'ordre administratif le pouvoir royal n'est plus une des branches. Il de-

vient le chef et le régulateur du corps délibérant. Ce corps sera donc présidé par l'agent
placé par le Roi dans la Commune, afin que ce
magistrat en dirigeant les délibérations pré-
vienne par ses conseils les écarts auxquels le
corps délibérant pourrait se laisser entraîner.

Les moyens répressifs sont : l'annulation
des actes illégaux, la suspension de quelques
membres du conseil, et la dissolution de ce
même conseil.

La suspension est utile lorsque le conseil
municipal a été excité à des démarches incon-
venantes par l'influence d'un petit nombre de
ses membres. Alors une suspension prononcée
par le pouvoir royal pour un temps déterminé sert de leçon aux coupables et au corps
entier qui a eu la faiblesse de suivre leur di-
rection.

La dissolution doit, si le Roi le juge convenable, entraîner l'incapacité d'une réélection
immédiate.

Cette incapacité semble s'écarter de l'ana-
logie que j'ai établie jusqu'ici entre la Charte
politique et la Charte administrative. J'espère
parvenir à prouver que l'éloignement n'est pas
si grand qu'il paraît d'abord, et que la dis-

solution avec incapacité d'une réélection immédiate est nécessaire au maintien de l'équilibre des pouvoirs.

On ne peut nier que la prérogative de dissoudre les corps délibérans ne soit accordée
au pouvoir royal par la Charte. La question
se borne à examiner si les effets de cette dissolution doivent être les mêmes dans l'ordre
politique et dans l'ordre administratif.

La Charte a donné aux corps politiques une
existence toute différente de celle des corps
administratifs ; dès-lors la Couronne ne devra
pas exercer de la même manière son pouvoir
régulateur, et cette diversité d'action dérivera
de l'esprit de la Charte elle-même.

La constitution politique a partagé la souveraineté législative en trois branches. Le Roi
ne peut seul faire la loi, le peuple représenté
par ses députés ne peut, seul, la voter. Toutefois l'influence du Roi sur le corps électif se
manifeste par l'initiative et par la sanction, et
ce corps ne peut rien sans le concours de la
Chambre des Pairs.

Lorsque la Couronne se décide à dissoudre
la Chambre des Députés, elle ne saurait sans
doute empêcher la réélection de ses membres,

puisqu'elle appelle de fait par cette dissolution le peuple à exercer la portion de souveraineté législative que la Charte lui a accordée.
Les membres réélus retrouvent d'ailleurs des
barrières dans l'initiative royale et la Chambre
des Pairs. Les corps administratifs sont tous
composés d'une chambre unique, et nul
autre pouvoir délibérant ne modère leur
action. Cependant nos institutions, bien loin
de leur reconnaître aucune espèce de souveraineté, les placent dans la dépendance
d'une tutelle perpétuelle. Ces corps dépendans
se trouveraient plus libres, plus puissans
dans leur sphère que celui qui représente
l'universalité du pays, puisqu'ils ne sont
point pondérés. La Charte ne peut pas vouloir
qu'il en soit ainsi.

Nous avons reconnu au contraire, que la
liberté indéfinie des Communes n'est point
compatible avec la monarchie représentative,
et que le chef du gouvernement doit avoir à
sa disposition des moyens de discipline qui les
empêchent de s'immiscer dans les intérêts
généraux.

Les actes qui justifieraient la sévérité de la
Couronne sont de quatre sortes :

1° La réunion sans autorisation du Conseil

municipal hors du temps de sa session annuelle;

2° Des correspondances établies entre un Conseil municipal et d'autres Conseils municipaux;

3° Des proclamations ou adresses aux citoyens;

4° Des délibérations contraires à l'ordre public, ou qui dépasseraient la limite des attributions que la loi accorde au Conseil. Ces actes acquerraient un plus haut degré de gravité, s'ils avaient lieu hors de la session ordinaire, et si le Conseil avait délibéré sur les objets qui s'y rapportent au lieu de se borner à ceux qui auraient motivé la convocation extraordinaire.

Les actes compris dans les trois premières catégories constituent une infraction à la loi, et la nécessité de la répression n'est pas douteuse.

Les délibérations qui dépassent la limite des attributions ou qui troublent l'ordre public, peuvent exiger aussi l'exercice de l'intervention royale. On dira que ces délibérations ne présentent aucun danger, parce qu'elles ne peuvent être exécutées sans autorisation, et que cette autorisation ne manquerait pas d'être refusée. Je ne crois pas qu'il suffît, dans tous les cas, que la délibération fût annulée. Un acte coupable présente deux sortes de danger, un danger absolu et un danger relatif. Le danger absolu cessera lorsque l'autorité supérieure aura prononcé la nullité. Mais en sera-t-il de même du danger relatif? Si la délibération avait donné à la Commune le sentiment d'une indépendance qu'elle ne doit point avoir; si elle avait provoqué ou exalté l'esprit d'opposition, jusqu'à faire craindre la révolte; si elle était insultante ou pour la loi, ou pour les actes des pouvoirs politiques; si, enfin, elle étoit devenue une cause ou de désordre, ou de désunion grave entre les citoyens, il est évident que l'ordre public outragé ne serait pas assez vengé par l'ordonnance qui annulerait la délibération, et que la Couronne devrait intervenir de manière à frapper davantage les esprits, et à opposer au danger du mal la puissance qui le réprime.

Mais pour que les moyens de discipline dont elle pourra disposer soient efficaces, pour que l'autorité s'en serve avec liberté, il faut qu'elle ne compromette, en les employant, ni sa puissance, ni sa dignité, ni le respect qui lui est dû.

3*

La puissance et la dignité de la Couronne
ne s'opposent pas à la réélection des députés,
parce que la dissolution de la Chambre est un
appel que le Roi fait à son peuple, une manière entre l'un et l'autre de se parler et de
s'entendre , et qu'on ne doit pas supposer
qu'un peuple entier se trompe sur ses plus chers
intérêts. Il en est autrement lorsqu'il s'agit de
la dissolution d'un conseil administratif. Cette
mesure ne peut être regardée comme un appel
de la Couronne à l'opinion de la Commune,
puisque ce serait établir l'égalité là où la
Charte n'admet que subordination.

Si l'opinion de la Commune pouvait être
juge entre le pouvoir royal et le conseil municipal dissous, il est évident qu'en cas de
réélection, ce pouvoir se trouverait condamné
par la Commune, c'est-à-dire, que le Souverain
serait convaincu d'injustice ou d'erreur par
une fraction du pays qui lui est essentiellement
subordonnée. L'opposition qui n'a d'expression
légale que dans les Chambres, l'obtiendrait également dans les trente-huit mille Communes
du royaume : ce serait le renversement de toutes
les idées que la Charte a consacrées.

D'ailleurs , est-il sûr qu'une fraction du
pays ait de telle sorte le sentiment de son

véritable intérêt qu'elle ne réélise jamais les membres dont la révocation aurait été justement prononcée? non sans doute. On connaît l'influence de l'esprit de coterie, la vivacité des passions qui s'y rattachent, la puissance d'intrigue de quelques hommes influens. Il arrivera donc souvent que les membres seront réélus, soit par esprit d'opposition au Gouvernement, soit par un sentiment d'opposition locale entre diverses portions de citoyens. Si l'acte pour lequel la dissolution a été prononcée flattait les passions, plus cet acte serait coupable, plus la réélection deviendrait certaine.

Ainsi, la Couronne au lieu de réprimer l'insubordination l'aurait développée davantage ; au lieu de montrer sa puissance, elle n'aurait montré que sa faiblesse ; au lieu de faire respecter sa dignité, elle l'aurait avilie. Elle évitera donc d'user de sa faculté de dissolution, et sa prérogative, au lieu d'être réelle, ne paraîtra plus qu'illusoire.

Les Communes, certaines que les moyens de discipline placés dans les mains du Roi n'ont rien de réel, ne dépasseront-elles pas les limites? car il est dans la nature de tout corps délibérant de chercher à augmenter son importance. S'il en était ainsi, nos institutions seraient faussées, la ligne qui sépare l'ordre politique de l'ordre administratif franchie, et l'esprit de la Charte méconnu : ne pourrait-on pas craindre alors que l'insubordination, ne trouvant pas un obstacle suffisant, ne se développât dans les pouvoirs provinciaux, et, en montant des extrémités au centre, ne portât le désordre dans les institutions ?

Toutefois, je ne prétends pas que dans tous les cas la dissolution rendît la réélection immédiate impossible, ni que l'incapacité s'étendît indistinctement à tous les membres du conseil dissous. Je voudrais que cette suspension d'éligibilité dépendît de la décision royale, et dérivât du mode de dissolution. Lorsque cette dissolution aurait été prononcée purement et simplement, la réélection serait possible : mais si le Roi trouvait la réélection immédiate dangereuse, alors la dissolution aurait lieu par une ordonnance motivée sur l'acte qui l'aurait prononcée : l'incapacité d'être élu frapperait seulement les signataires de cet acte.

On objectera que cette incapacité est une peine, et qu'aucune peine ne peut être prononcée que par les Tribunaux.

Il me semble que ce principe n'est pas applicable à l'objet qui nous occupe. Remarquons

qu'il ne s'agit point ici d'une peine afflictive,
encore moins d'une peine infamante, mais d'une
mesure de discipline, et d'une suspension bor-
née à l'intervalle de deux élections. Des suspen-
sions analogues par voie de discipline sont usi-
tées dans diverses corporations et dans des corps
constitués. D'ailleurs, des considérations se-
condaires fléchiront toujours devant des considérations plus élevées, et l'esprit de nos
institutions exigeant que la tutelle exercée
par le Roi soit pleine et entière, on ne saurait
dire que dans aucun cas la condition sans
laquelle cette tutelle serait impossible, sorte
de l'esprit de ces mêmes institutions.

La Charte veut qu'aucun citoyen ne puisse
être jugé sans être entendu, ni distrait de la
juridiction de ses juges naturels. Or, ici il y a
jugement puisqu'un acte est incriminé et
donne lieu à une punition : je ne le nie pas.
Aussi, je suis loin de prétendre que, sans avoir
été entendus, les conseillers municipaux puis-
sent être révoqués, et privés momentanément
de la capacité d'être réélus. Je veux que l'ordonnance du Roi qui prononcerait la dissolution
soit précédée d'une instruction faite par le
Conseil de Préfecture, revue et examinée par
le Conseil d'Etat, et que l'ordonnance soit
rendue sur le rapport de ce dernier Conseil.

On ne dira pas sans doute qu'il y a distrac-
tion des juges naturels ; car les juges naturels
des actes administratifs sont les conseils de
Préfecture et le Conseil-d'Etat. Les lois ont
réservé au Conseil du Roi la décision des matières qui dépendent de l'ordre politique, afin
que l'esprit du gouvernement qui règle ces
matières se retrouve dans les jugemens qui s'y
rapportent, et que l'action de l'autorité qui
doit se faire sentir dans tout le royaume d'une
manière uniforme, ne souffre pas de la diversité des interprétations. Les Tribunaux dissé-
minés sur toute la surface de la France peuvent difficilement apprécier les considérations
politiques dans leur ensemble ; et d'ailleurs ,
la Charte a voulu qu'ils fussent, autant que
possible, restreints à la discussion des intérêts
privés, afin de ne pas créer dans l'Etat un
nouveau pouvoir indépendant et peut-être
rival. Il est difficile néanmoins que les intérêts
de l'Etat ne se trouvent pas liés quelquefois
aux intérêts des particuliers , et restent entièrement hors de la discussion des Tribunaux.
Institués spécialement pour punir les crimes
et délits qui troublent la société , on ne peut
empêcher qu'ils n'en apprécient en même
temps la gravité sous le rapport politique.
C'est une nécessité qu'on doit subir, malgré
les inconvéniens dont elle peut être suivie.

Mais quand cette nécessité n'est pas absolue,
quand il n'y a que des fautes à réprimer par
voie de discipline, est-il prudent d'étendre l'in-
vestigation des Corps judiciaires jusqu'aux
rapports qui existent entre ces fautes et l'ordre
politique? Il est évident qu'on leur donnerait
ainsi une importance que la Charte leur a refusée, et qu'on dérangerait par un nouveau poids
la balance qu'elle a établie. S'ils étaient appelés,
en cas de dissolution d'un Corps administratif,
à prononcer sur la faculté d'éligibilité de ses
membres, ils auraient le pouvoir de donner
ou d'ôter à cet acte son importance. La puissance régulatrice dépendrait d'eux. Elle ne
pourrait exister sans eux, et il leur serait loi-
sible de diminuer ou d'étendre à leur gré la
subordination des Communes. On objectera
que les Tribunaux ne font que prononcer la
peine pour un fait que l'Administration a dé-
claré constant à la manière d'un Jury. Je ré-
ponds que la criminalité de *l'acte* qui aura
motivé la dissolution, sera appréciable d'une
manière diverse, suivant les circonstances. Dans
l'ordre civil, les faits que les Cours criminelles
ont à juger, sont précis ; dans l'ordre politique, combien de nuances en rendent l'ap-
préciation difficile ! Le même acte, suivant
ces circonstances, peut n'être considéré que
comme une erreur, ou être rangé au nombre

des fautes, des contraventions, et même des délits et des crimes. Les Tribunaux seront donc conduits par la force des choses à discuter la décision souveraine qui aura prononcé la dissolution ; mais alors il y aura double dérogation à la Charte : première dérogation, en les occupant sans nécessité de matières administratives ou politiques ; seconde dérogation, en les rendant les arbitres de la dépendance constitutionnelle des Communes dont la Charte a voulu que le Roi eût seul la tutelle. Le Code pénal a défini les crimes et délits des Membres des Corps Administratifs qui sont du ressort des Tribunaux. Je crois qu'on ne peut leur accorder davantage sans s'écarter des dispositions du pacte fondamental.

Des Maires.

La Charte ayant défini d'une manière claire les attributions des divers pouvoirs de la Société et des corps qui s'y rattachent, la division entre l'exécution et la délibération s'est trouvée tranchée d'une manière très-nette. La plénitude du pouvoir exécutif remise au Roi, tous les agens de l'exécution émanent de lui et sont nommés par lui ; ainsi, la disposi-

tion de l'article 14 de la Charte se trouve par-
faitement en rapport avec l'ensemble de nos
institutions.

Les Maires sont des agens d'exécution ; en
effet, la police locale et la tenue des régistres
de l'état civil leur appartiennent et ils réunissent
la plénitude des fonctions admininistratives.
Mais si le Maire est l'homme du Roi, il est aussi,
ajoute-t-on, l'homme de la Commune puisqu'il
est chargé de réaliser les prévisions du budget,
et de veiller à tous les intérêts de la communauté;
d'ailleurs il entre au conseil municipal, il participe à ses délibérations, et même il le préside :
ainsi, sa nomination devrait être mixte, ap-
partenir au peuple et au Roi, en d'autres ter-
mes, être faite par le Roi dans une candidature,
qu'on étendrait, à la vérité, à tous les membres du conseil municipal. Ce raisonnement,
spécieux au premier aspect, tombe devant un
examen plus approfondi. La surveillance des
intérêts communaux et la réalisation des prévisions du budget, ne sont réellement que des
attributions d'exécution. C'est en qualité de
délégué du pouvoir exécutif, que le maire
met en action la pensée du conseil municipal.
Il agit dans la Commune, comme le Préfet dans
le département; il y a similitude parfaite, la
seule différence consiste dans l'étendue du

territoire. Remarquons que la comparaison,
entre le Maire et le Préfet, est à l'avantage du
premier ; cet avantage dérive d'une prérogative
dont nous n'avons point encore parlé : celle
d'exercer des fonctions judiciaires et de prononcer comme président du tribunal de police municipal , des condamnations à l'amende
et à la prison. Ainsi, l'article 57 de la Charte,
qui donne au Roi la nomination des juges ,
vient ici appuyer l'article 14.

Le Maire n'entre pas dans le conseil municipal
à titre d'homme de la Commune, mais comme
l'homme du Roi, et en qualité de commissaire
du Roi. La raison qui lui en donne la présidence
est d'un ordre encore plus élevé ; il jouit de
ce droit comme représentant de la tutelle royale
dans ce qu'elle a de plus paternel , le soin
de diriger les délibérations et de prévenir les
irrégularités. La présence du Maire est le contrepoids obligé de l'initiative que chacun des
membres du Conseil Municipal possède. Les
pouvoirs de cet homme d'exécution, de ce représentant de l'autorité royale dans la Commune,
ne sauraient procéder d'une autre source que
de cette autorité même.

Il me serait facile de démontrer que l'intérêt des Communes exige aussi que le Roi ne

soit restreint par aucune condition dans le
choix des Maires. En effet si on considère le
grand nombre d'attributions de ces magistrats,
on conçoit que les qualités qu'exige la délibération des intérêts Communaux, pourraient souvent être insuffisantes pour remplir avec succès
les fonctions de Maire. Il faut donc que le Roi
puisse à son gré y appeler les hommes capa-
bles, dans quelque position qu'ils se trouvent.

DE LA LOI DÉPARTEMENTALE.

Des Conseils d'Arrondissement.

Personne ne met en doute l'utilité des conseils généraux, celle des conseils d'arrondissement est contestée. Les uns prétendent qu'ils
sont un rouage inutile, les autres que des
conseils cantonnaux les remplaceraient avec
avantage ; à la tête de cette dernière opinion,
se trouve un de mes nobles collègues (1) dont la
plume élégante a défendu la cause des conseils
cantonnaux. J'oserai être d'un avis différent,

_____

(1) M. le Baron de Barante.

et, sans me flatter de revêtir mon argumentation de formes aussi séduisantes, j'espère cependant l'appuyer par de bonnes raisons.

Existera-t-il des corps intermédiaires entre les conseils municipaux et les conseils généraux, et ces corps intermédiaires seront-ils placés à l'arrondissement ou au canton ?

Je pense que la première question doit être résolue affirmativement, et je me fonde sur trois motifs. Le premier se tire de la nécessité que la sous-répartition de l'impôt entre les communes soit faite par un corps qui en ait reçu l'attribution spéciale. En second lieu, il est utile que les besoins du pays soient discutés dans une assemblée qui ait le pouvoir d'en transmettre l'expression au conseil général; enfin l'existence de ces conseils servira à initier aux affaires l'élite des propriétaires, les formera à l'habitude des discussions, et les disposera à paraître avec avantage, soit au Conseil Général, soit même à la Chambre des Députés.

La nécessité des corps intermédiaires étant reconnue, il reste à examiner s'ils seront placés à l'Arrondissement ou au Canton. Les principes de la Charte viennent encore ici à notre secours ; elle a voulu que les sommités de là démocratie, c'est-à-dire, les hommes qui ont un grand intérêt de conservation fussent admis dans les corps délibérans de préférence à ceux dont la position est telle qu'ils ont plus à acquérir qu'à conserver, plus de besoin de changement et de mouvement que de stabilité et de repos.

Ces sommités de la démocratie n'existant pas dans tous les Cantons, il arriverait donc qu'une grande partie des Conseils Cantonnaux serait composée de la seconde classe que je viens de désigner, et qu'en formant ces corps populaires, on aurait donné une nouvelle force à l'élément démocratique déjà si puissant. On objectera peut-être que cet inconvénient se retrouverait dans le Conseil d'Arrondissement, lorsque plusieurs Cantons ne pourraient y envoyer que des délégués appartenant à la petite propriété. Mais les Cantons plus riches auraient des représentans pris dans un autre ordre de plus imposés, la balance s'établirait, et la démocratie n'y obtiendrait pas une prépondérance sans partage.

Si on examine les conseils d'arrondissement sous le rapport des intérêts du pays, on se convaincra qu'ils présentent une plus grande garantie de l'impartialité de leurs membres. Plus éloignés des intérêts qu'ils ont à régler, ils les considéreront de plus haut. Les passions locales, les préventions et l'esprit de coterie les domineront moins et ils échapperont davantage à l'influence des petites intrigues auxquelles il est si difficile de se soustraire quand on est renfermé dans un cercle étroit.

On devrait aussi attendre d'eux plus d'assiduité dans l'exercice de leurs fonctions à cause de leur fortune plus indépendante. On donne d'autant moins de temps à la chose publique, qu'on est obligé d'en consacrer davantage à ses propres affaires, et moins la fortune est étendue, plus elle exige de soins pour conserver l'aisance qu'elle procure. Les membres des Conseils cantonnaux seront donc très-souvent portés à se décharger du travail sur celui d'entr'eux qui aura conquis leur confiance. Ainsi au lieu d'un conseil populaire, on aurait établi de fait un ou deux petits Souverains dans chaque canton et livré les affaires à l'impartialité et à la justice de ces Monarques de village. Je sais qu'alors l'élément démocratique qui serait entré dans la composition du conseil aurait perdu son énergie et son influence. Mais on aurait évité un inconvénient pour tomber dans celui de donner une sorte de patronage aux hommes les moins propres en général à l'exercer.

<hr>

Des Conseils de Département.

Les attributions des Conseils Généraux sont trop connues pour qu'il soit nécessaire que je m'en occupe ici en détail. Elles nous serviront seulement à apprécier leur position sous le rapport de la hiérarchie des pouvoirs. De cet examen dériveront les règles qui doivent être suivies pour la nomination de ses membres.

Le Conseil Général est-il un Corps administratif seulement ? Dans cette supposition les choix appartiendraient au Roi conformément à l'art. 14 de la Charte.

Doit-on le considérer exclusivement comme un Corps représentatif et confier à l'élection seule les choix de ses membres ?

Enfin, ses attributions ne le placent-elles pas dans une situation mixte qui lui donne la double existence administrative et représentative ? Alors il sera conforme à l'ordre des idées et à la nature des choses que la composition du Conseil ait lieu par voie d'élection et par voie de nomination, c'est-à-dire que le Roi nomme les membres du Conseil général dans une candidature qui lui aura été soumise. En examinant ces questions suivant les principes que la Charte a établis nous prouverons non-seulement la convenance; mais encore la nécessité de l'intervention de la Couronne.

Le Conseil général est Corps administratif, je dis même plus, il est agent d'exécution et opère en qualité de commissaire du Roi dans la répartition de l'impôt entre les arrondissemens.

Il conserve la qualité de Corps administratif lorsqu'il est appelé à délibérer sur des objets dépendans de l'intérêt général et ce n'est qu'en cette qualité qu'il peut s'en occuper ; car, dans notre système de gouvernement constitutionnel, le pouvoir accordé aux Chambres de régler cet intérêt ne saurait être partagé par des Corps représentatifs partiels.

Si nous jetons un coup d'œil sur la nomenclature du budget départemental, nous voyons que toutes les dépenses qui y sont prévues rentrent dans la catégorie dont je viens de parler; l'entretien des Préfectures, des Tribunaux, des prisons, des grands chemins; les dépenses relatives aux Enfans-trouvés et aux insensés, et enfin toutes celles connues sous le nom de dépenses variables, se rattachent à l'intérêt général. Le Conseil, en les réglant, n'opère que par voie de délégation du Gouvernement, ou plutôt il ne fait que donner un avis sur des dépenses qui, quoique liées à la prospérité de l'ensemble du pays seront peut-être mieux appréciées dans la localité qu'au centre. Le Gouvernement mieux informé peut changer, modifier ou supprimer les votes qui y sont relatifs. J'ajouterai que la recette du budget variable n'est point fixée par le Conseil général; il n'est même pas autorisé à délibérer sur cette recette qui est votée par le Corps législatif, et qui conserve tous les caractères d'un impôt. Il est vrai que le Préfet présente au Conseil un compte de gestion et un compte d'ordonnateur. Mais remarquons que le Conseil n'arrête point ce compte : le Gouvernement reçoit seulement son avis et s'éclaire par ses observations. Son attribution à cet égard est analogue à celle du Conseil de préfecture lorsqu'il examine les comptes communaux, qui doivent ensuite être réglés par la Cour des comptes. C'est avec raison que le Gouvernement met du prix à connaître, sur la gestion du Préfet, l'opinion des principaux propriétaires de la

province réunis en conseil. Mais cette faculté
d'éclairer le pouvoir ne leur donne en aucune façon le caractère d'un Corps représentatif. En définitive, le Conseil général n'a
aucune action délibérative relativement aux
recettes du budget variable. Sous le rapport
des dépenses il n'agit qu'à titre de Commission
administrative chargée par le pouvoir royal
de discuter et d'apprécier des dépenses d'intérêt général qui doivent être réalisées dans
la localité par les soins du préfet.

On a voulu assimiler les conseils généraux
aux conseils municipaux, en disant que la
fraction du pays connue sous le nom de département est identique à la fraction du pays
connue sous le nom de Commune, et qu'il
n'y a de différence que dans la grandeur de
l'échelle.

Si nous montrons que cette similitude n'est
rien moins qu'exacte, les conséquences qu'on
voudrait en déduire ne pourront être soute-
nues. Nous avons vu que la Commune dérive
d'une aggrégation de famille ; comme la famille, elle a ses intérêts propres et distincts :
elle possède, et ses propriétés sont à son usage
exclusif; elle vend, elle achète, elle échange,
elle transige. Il y a commune non parce que

la loi l'a dit ainsi, mais parce qu'un certain nombre de personnes se sont réunies en une même communauté pour jouir ensemble de ses avantages et en partager les charges. Rien de semblable n'a lieu pour le département. Limité arbitrairement par la loi, il n'a pas été formé pour une communauté d'avantages réciproques; ses intérêts ne sont point distincts, la plupart n'ont rien de spécial, et aucun ne se rapporte exclusivement à l'individu collectif désigné sous le nom de département. Il ne possède point de propriétés territoriales dont cet individu recueille les avantages, et tous les édifices qui lui appartiennent sont attachés à des services relatifs à la généralité du pays sous le rapport de l'administration ou sous celui de la sûreté publique.

En examinant la loi qui a établi les Conseils généraux, on est convaincu qu'elle n'a prétendu créer que des corps administratifs. Ce caractère leur a été conservé intégralement jusqu'à la Loi de finance de 1816 qui leur a accordé une nouvelle attribution, celle de voter des centimes facultatifs et d'en faire une application spéciale au département. On est forcé de convenir que cette attribution a ajouté quelque chose de représentatif à l'organisation jusque là purement administrative du Conseil général. Ce n'est pas que ce Conseil possède la faculté du vote de l'impôt dans toute l'étendue du sens qu'on y attache. Les centimes facultatifs sont alloués par le Corps législatif. Les Conseils généraux décident ensuite si l'impôt autorisé sera prélevé sur les contribuables du département, et quelle en sera la proportion dans une limite donnée. Or, il est reconnu dans le gouvernement constitutionnel qu'un impôt ne peut être levé sur les contribuables qu'en vertu de la décision de leurs délégués. Les centimes facultatifs sont votés, quant au principe de leur perception, par la chambre des Députés du pays ; leur application par le Conseil général aux contribuables du département doit avoir lieu également en vertu d'une délégation de ces mêmes contribuables. Mais cette délégation relative à la recette du budget facultatif, détruit-elle le caractère administratif inhérent à la répartition de l'impôt et à la discussion du budget variable? Non, sans doute. La Charte a prononcé. Toute administration émane du Roi, et il en nomme tous les agens. Il faut donc reconnaître que son droit ne peut être détruit parce qu'une fonction représentative a été ajoutée aux fonctions administratives du Conseil général. Cette fonction modifie seulement le droit ; et la Couronne, au lieu de l'exercer d'une manière absolue, en usera d'une manière relative, c'est-à-dire, qu'elle choisira parmi les élus des contribuables, de sorte que les membres du Conseil général soient en même temps ses délégués et ceux du département.

Des raisons prises dans l'ordre politique feront apprécier d'une manière encore plus péremptoire le besoin de l'intervention royale.

La candidature écartée, les conseils généraux ont une origine entièrement élective. On aura formé ainsi un corps représentatif d'une fraction considérable du pays bien autrement importante qu'un Conseil municipal qui ne représente qu'un individu collectif, isolé; et cependant nous avons reconnu combien il était nécessaire que l'influence de la Couronne se fît continuellement sentir aux représentans de cet individu isolé. Ici vous aurez un Corps qui agira sur des masses considérables, et qui, quelquefois discutera les intérêts d'un million d'hommes. Et comment agira-t-il? Sera-t-il restreint par l'initiative? non sans doute, puisque les votes relatifs aux centimes facultatifs sont entièrement libres. Sera-t-il modéré par l'intervention d'une Chambre héréditaire, dirigé au nom du Roi par un magistrat qui en aura la présidence? Nullement. Composé d'une Chambre unique, dont chaque membre possédera l'initiative, il ne reconnaîtra comme répression que les dispositions du Code Pénal pour les délits qu'il pourrait commettre , et comme moyen de discipline que la dissolution prononcée par le Roi. Si cette dissolution n'entraîne pas la suspension de l'éligibilité, le Conseil général trouvera dans la probabilité de sa réélection le sentiment de sa force qui détruira celui de la subordination qu'il doit aux pouvoirs supérieurs. Si on propose que la réélection ne puisse être immédiate , on répondra que le Département n'est pas une petite division du pays comme la Commune , qu'on y voit les affaires de plus haut et plus en grand, que le nombre des citoyens y est assez considérable , et que les intérêts y sont assez divers, pour que l'esprit de coterie n'y domine pas, et qu'ainsi il n'y a point d'inconvénient à ce que la dissolution y soit regardée comme un appel à l'opinion publique. Chaque Corps provincial se trouvera donc constitué sur le modèle de la Chambre des Députés, aura la même inviolabilité qu'elle, mais possédera une action plus indépendante, puisqu'il ne sera ni restreint par l'initiative , ni modéré par le concours d'une Chambre héréditaire , ni dirigé par un président au choix du Roi; ainsi le pouvoir populaire aura reçu

de la Charte politique certaines entraves dans
l'exercice de la portion de souveraineté qui lui
est accordée , et la Charte provinciale dans le
développement d'une institution qui doit être
toujours subordonnée, ne lui en aura donné
aucune. L'anomalie qui en résulterait est frap-
pante, il est évident qu'il y aurait désaccord
sur ce point entre les deux Chartes et que
l'harmonie qu'on veut établir entre elles n'aurait plus lieu. On défendra, sans doute , aux
Conseils de Départemens de s'immiscer dans
les intérêts généraux. Mais pourra-t-on empêcher que les points de contact de ces intérêts avec ceux de localité ne les y ramènent?
Assurera-t-on que la limite qui les sépare ne
sera jamais dépassée ? L'origine de la Chambre
provinciale étant la même que celle de la
Chambre des Députés, est-il certain qu'elle ne
se persuadera pas que ses pouvoirs sont analogues? De quel droit, diront les Membres
élus du Conseil général, mandataires du peuple comme vous, nous défendez-vous d'émettre
notre opinion sur des objets qui , quoique
généraux, importent cependant à la province
que nous représentons? Supposons ensuite que
cette opinion se montre contraire à celle du
Corps législatif, et les exemples ne nous man-
queraient pas pour appuyer cette supposition ;
admettons que le Conseil se permette de blâ-

mer les actes du pouvoir souverain, bientôt
on s'apercevra que les dispositions de la
Charte sont éludées, que l'action centrale est
affaiblie, et que les provinces ont cessé de
former un ensemble compacte et homogène.
Le principe monarchique sera ébranlé ; et si
l'indépendance absolue du Conseil général lui
donne, comme on ne saurait en douter, une
tendance à l'agrandissement, cet agrandissement aura lieu aux dépens du pouvoir représentatif. On a dit avec raison, que « commu-
» niquer ses pouvoirs, c'est les diviser : les
» diviser, c'est les affoiblir ; c'est même encore
» plus : c'est donner les moyens de s'en servir
» contre soi. »

Les moyens d'éviter le danger dont je viens
d'indiquer les conséquences sont de deux
sortes : la dissolution avec incapacité de réélection immédiate, ou, ce qui me semble préfé-
rable, l'intervention royale dans la nomination
des Membres des Corps Provinciaux. Le fait
seul de cette intervention leur imprimera
le sentiment de la subordination qu'ils doivent avoir à l'égard des pouvoirs politiques.
De leur origine découleront ensuite les règles
de la discipline à laquelle ils seront astreints.
En même temps, la qualité représentative, que
leur donne le vote des centimes facultatifs, leur

sera conservée, puisque l'élection exercera son influence sur les choix. Remarquons que la difficulté relative à la réélection en cas de dissolution tombe d'elle-même par l'admission de la candidature; si les Membres du Conseil dissous étaient placés au nombre des candidats, le Roi pourrait choisir parmi ceux que le Collége Electoral aurait été obligé de leur adjoindre.

La nomination des Membres des Conseils généraux se faisant d'une manière mixte, c'est-à-dire, par le suffrage des citoyens et par la volonté du Roi, il resterait à examiner le mode à suivre pour l'élection. Je m'étendrai peu sur cet objet : mon but a été, de rechercher les principes généraux de la matière, et d'en déduire les conséquences. Les dispositions réglementaires, quoiqu'importantes, n'entrent point dans le cadre que je me suis tracé.

Quel que soit le système qu'on embrassera, on ne s'écartera sûrement pas du principe que les intérêts locaux ne peuvent être convenablement réglés que par les hommes qui ont le plus à conserver et à défendre, que la Charte a voulu que le droit d'élire et d'être élu fût remis aux plus imposés dans une proportion fixée par la loi.

On avait proposé que chaque canton fût représenté au conseil général par un membre de son choix qu'on gratifierait en même temps de la faculté de présider le conseil cantonnal. On parviendrait ainsi, disait-on, à former une aristocratie dans les provinces ; car l'homme qui réunirait les deux titres de membre du conseil général et de président du canton acquerrait bientôt de l'influence et se formerait un patronage. Examinons ce système qui paraît séduisant au premier aspect. Pour former un patronage, il faut être placé dans une situation telle qu'on puisse rendre beaucoup de services particuliers, et cette situation tient à deux conditions : une fortune qui mette un grand nombre de personnes dans votre dépendance ou qui les attache à vos intérêts, et un crédit suffisant pour obtenir pour soi beaucoup de considération et pour les autres beaucoup de faveurs. Il arrivera rarement que ces conditions se trouvent réunies sur un éligible dans un Canton ; je prends à témoin de cette assertion les personnes qui, comme moi, ont administré plusieurs départemens. Souvent même la grande propriété n'y existera pas, et on serait conduit à la nécessité de choisir dans la petite propriété. Ainsi, loin d'atteindre le but qu'on cherche, celui de créer une aristocratie Cantonnale, on aurait composé le

Conseil Général de personnes appartenant à la démocratie moyenne, et le pouvoir populaire aurait acquis plus d'importance.

Les Collèges Cantonnaux manquant souvent des élémens qui doivent former le Conseil Général, il faudra donc les chercher dans un collège d'arrondissement où toutes les notabilités du pays se trouveront rassemblées.

⸻⸻⟨◦⊙◦⟩⸻⸻

Conclusion.

J'arrive à la fin de la tâche que je me suis imposée. J'ai cherché à résoudre un problême dont la solution semble appeler particulièrement les méditations des personnes qui ont long-temps administré. Je ne prétends point soutenir la bonté exclusive des idées que j'ai énoncées, et si je désire que cet écrit obtienne quelque attention, c'est dans l'espoir que les lumières de personnes plus habiles que moi suppléeront à ce qui lui manque. Il importe de se convaincre que nous n'avons pas à créer des institutions nouvelles, et qu'il s'agit seulement de mettre en harmonie avec les principes de la Charte politique les institutions qui existent. Le peuple français ne demande à la Loi qui va être discutée, que de rendre plus homogène ce qui semblait être régi par des principes différens, et d'ordonner l'administration sur des bases semblables à celles que le Roi-Législateur a données à son Gouvernement. La fin du siècle dernier a été marquée par trop d'innovations; leurs suites ont été trop funestes pour qu'on ne sente pas le besoin de la stabilité. Il faut améliorer et non pas innover; et une plus grande liberté accordée aux provinces, ne doit être obtenue ni par l'affaiblissement des pouvoirs politiques, ni par la diminution de cette prérogative royale, qui est la base de notre gouvernement constitutionnel, et qui peut seule maintenir toutes ses parties dans un parfait équilibre. Nous n'avons point à évoquer les anciennes libertés des Communes, elles convenaient au temps où elles ont été établies; moins la liberté des citoyens existe, plus celles des corporations doit être grande. C'est une sorte de droit d'asile qui lui est accordé; mais lorsque la liberté individuelle est complète, elle n'a plus besoin de dominer dans les corporations ni de leur donner une force de résistance qui serait une cause de désunion et de désordre.

FIN.

TABLE DES MATIÈRES.